# DISCOURS

SUR

# LE PÉLERINAGE

## DE NOTRE-DAME DE BENOITE-VAUX,

SON ORIGINE, SES DÉVELOPPEMENTS, SA DÉCADENCE
ET SA RÉGÉNÉRATION,

PRONONCÉ

A BENOITE-VAUX, LE 8 SEPTEMBRE 1853,

**PAR M. L'ABBÉ JULES GOUGET,**

CURÉ DE HAN-SUR-MEUSE.

*Ad honorem beatæ Mariæ, reginæ*
*Benedictæ-Vallis.*

**SE VEND 75^c**

*AU PROFIT DE L'OEUVRE DE BENOITE-VAUX.*

NANCY,

VAGNER, IMPRIMEUR-LIBRAIRE,
Rue du Manége, 3.

1853.

# DISCOURS

SUR

# LE PÉLERINAGE

## DE NOTRE-DAME DE BENOITE-VAUX,

SON ORIGINE, SES DÉVELOPPEMENTS, SA DÉCADENCE
ET SA RÉGÉNÉRATION,

PRONONCÉ

À BENOITE-VAUX, LE 8 SEPTEMBRE 1853,

### PAR M. L'ABBÉ JULES GOUGET,

CURÉ DE HAN-SUR-MEUSE.

*Ad honorem beatæ Mariæ, reginæ
Benedictæ-Vallis.*

SE VEND 75<sup>c</sup>

*AU PROFIT DE L'ŒUVRE DE BENOITE-VAUX.*

NANCY,

VAGNER, IMPRIMEUR-LIBRAIRE,
Rue du Manège, 3.

1853.

NANCY, IMPRIMERIE DE VAGNER.

*A Sa Grandeur*

# MONSEIGNEUR ROSSAT,

**ÉVÊQUE DE VERDUN.**

## Hommage

*De Profonde Vénération*

*& de Filiale Gratitude.*

# ÉVÊCHÉ DE VERDUN.

Nous, Louis ROSSAT, Évêque de Verdun, approuvons bien volontiers la publication du Discours prononcé dans l'église de Benoite-Vaux, le 8 septembre dernier, par M. Gouget, curé de Han-sur-Meuse. C'est un écrit plein d'intérêt, en raison du sujet qu'il traite, et des pieux documents qu'il renferme.

Verdun, le 8 octobre 1853.

† LOUIS, *Év. de Verdun.*

# DISCOURS



SUR

# LE PÉLERINAGE

## DE NOTRE-DAME DE BENOITE-VAUX,

SON ORIGINE, SES DÉVELOPPEMENTS, SA DÉCADENCE
ET SA RÉGÉNÉRATION.

> *Beata quæ credidisti quoniam perficientur*
> *ea quæ dicta sunt tibi à Domino.*
> (S. Luc. chap. 1, v. 45.)
>
> Vous êtes heureuse d'avoir cru, car toutes
> les choses qui vous ont été annoncées par
> le Seigneur seront accomplies.

MONSEIGNEUR (1),

MES FRÈRES,

Ces prophétiques promesses ont été adressées à Notre-Dame par un personnage de l'ancienne alliance, qui venait d'être initié à la puissance mystérieuse de la foi par les merveilles que Dieu avait opérées au sein de sa propre famille. Informée de la naissance prochaine du Précurseur de Jésus-Christ, Marie s'était empressée, à travers les difficultés des montagnes et des vallées, d'en porter à sa cousine ses pieuses félicitations; mais celle-

---

(1) Monseigneur Louis Rossat, évêque de Verdun.

ci, éclairée à sa vue d'une joie et d'une prescience infaillible s'écria : Ah ! que vous êtes donc heureuse d'avoir cru ! car, etc.

Ainsi, mes Frères, nous est révélé le secret intime des grandeurs de Marie ! Elle a cru ; sa foi, plus forte, plus étendue, plus simple, plus profonde, que celle de tous les saints qui l'avaient précédée et annoncée, a élevé son nom et ses destinées à un rang dont il n'est même pas possible d'apprécier la hauteur. Vous savez cependant, mes Frères, que le monde est très-éloigné de porter sur la valeur de la foi un jugement aussi arrêté et aussi honorable. Autant Dieu l'aime et la bénit, autant le monde la repousse et la dédaigne ; autant Dieu la juge digne de participer à sa toute-puissante opération, autant à son tour le monde se rit de son apparente faiblesse ; non assurément qu'il soit entraîné dans cette opposition par un sentiment de justice et de véritable élévation, mais parce qu'il ignore à fond ce que c'est que la majesté de Dieu, et ce que vaut en sa présence l'aveu exact et bien senti de l'infirmité humaine et de sa soumission aux décrets divins. Ces réflexions vous paraîtront assez naturelles, mes Frères, dès que je vous aurai exposé l'idée de cet entretien, et le plan que je me suis décidé à adopter.

Nous avons gravi ces coteaux, nous avons de toutes parts comme envahi cette vallée ; à quelle fin ? pour voir et féliciter la merveilleuse patronne de ces lieux, Notre-Dame de Benoîte-Vaux. Quoi de plus intéressant dès lors pour nous, que l'histoire de ce pélerinage. Quel sujet serait plus capable de justifier notre foi et de charmer, si je puis m'exprimer ainsi, le doux loisir de notre piété? Or, sans nous étendre au-delà de certaines limites que votre bienveillance du reste saura circonscrire, nous pouvons l'étudier et le partager pour plus de clarté en trois époques.

La première comprendra l'origine et les premiers développements de Benoite-Vaux; la deuxième, son rôle et sa célébrité pendant la guerre de Trente ans ; la troisième, ses malheurs et sa régénération moderne.

O Marie! je vous renouvelle en ce moment toutes les supplications que je vous ai déjà adressées au sujet de la mission que je vais remplir, en vous conjurant plus instamment que jamais d'être mon soutien et de m'attirer toutes les grâces dont, vous le savez mille fois mieux que moi-même, j'ai un si pressant besoin ! *Ave Maria.*

## I.

Mes Frères, voilà déjà plus de 700 ans que le lieu que nous occupons se nomme la Vallée bénie — *Benedicta vallis.*

Cette qualification, vous l'aurez spontanément remarqué, présente un contraste frappant; car quand on parcourt cette vallée, et qu'on étudie attentivement sa configuration et son sol, on demeure tout surpris qu'il ne naisse de ces investigations aucun résultat propre à

justifier cette antique appellation de Vallée bénie ; et
même, plus cette appellation a d'antiquité, plus elle
paraît incompréhensible ; car si le pèlerin qui l'aborde
aujourd'hui pour la première fois se sent impressionné
par son caractère abrupte et sa température inclémente,
jugez en quel état de rudesse elle était ensevelie du-
rant ces âges lointains, où tous les éléments des arts et
de la société étaient dans l'enfance.

Et pourtant, c'était déjà au XII<sup>e</sup> siècle (1) son nom
public, son nom légal et officiel, celui sous lequel elle
était particularisée non seulement dans la langue religieuse du peuple, mais aussi dans les lettres des Souverains Pontifes, et dans les décrets publics des princes de
la terre. Ceci n'est point une supposition, c'est un fait, et
un fait extrêmement heureux pour nous : en effet l'inser-
tion habituelle de ce doux nom, dans les actes publics de
cette époque, dans les monuments les plus sérieux de la
législation de ce temps, prouve incontestablement deux
choses. Elle prouve, premièrement, que l'opinion des
contemporains à une si longue distance de nous était
déjà entièrement fixée sur le caractère tout spécial et
surnaturel de cette vallée. Elle prouve, en deuxième
lieu, la force toute puissante de cette opinion, puis-

(1) La bulle d'Alexandre III, dans laquelle le nom de Benoîte-Vaux est
cité, date de 1180. Elle est adressée à Bonardus, abbé de Sainte-Marie
de l'Etanche, qui l'avait, selon la coutume d'alors, provoquée, afin que la
papauté prît sous sa protection les biens du couvent dont cette bulle con-
tient l'énumération, et les défendit non seulement contre les violences des
laïques, mais encore contre les actes arbitraires de quelque part qu'ils
vinssent.

qu'elle avait prévalu, au point d'abolir radicalement l'ancienne dénomination de Martin-Han qui, d'après le témoignage même d'Alexandre III, avait pour elle la force de l'usage et l'autorité des siècles — *Locum Benedictæ Vallis qui antiquitùs Martin-Han vocabatur,* — et pour qui sait avec quelle lenteur et quelles résistances ces sortes de mutations s'opèrent, rien ne semblera plus probable que lorsque les Souverains Pontifes Alexandre III et Nicolas III (1), d'accord avec la tradition, appelaient dans leur bulle cette vallée, la Vallée bénie, il y avait longtemps déjà que ce nom était vulgarisé.

Quelle en fut donc l'origine ?

Bien évidemment, mes Frères, il ne faut pas l'attribuer à des circonstances d'un ordre matériel et subalterne. Autant la nature qui nous environne est impuissante à rendre compte du nom qu'elle porte, autant il est juste d'en chercher la cause et l'explication dans un ordre de faits qui la surpassent. Ces faits sont consignés non dans l'histoire, mais dans des traditions vénérables, dans des souvenirs locaux, héréditairement transmis ; et si l'on nous demande pourquoi ils n'ont pas été originairement fixés par l'écriture et recommandés à la postérité par l'autorité de l'histoire, nous avons une réponse extrêmement plausible. C'est que dans ces âges reculés, à la suite des bouleversements, de la confusion et des ruines amoncelées par la chute de l'Empire romain et

---

(1) La bulle de Nicolas III est de 1278 ; elle est confirmative de la précédente.

les migrations étrangères, il n'y avait nulle part en
Europe une langue formée, régulière, usuelle (1).
Le XIII<sup>e</sup> siècle fut l'époque de la floraison et de l'ex-
pansion des langues vivantes de l'Europe, celle seulement où elles commencèrent à produire des monuments qui nous sont restés. Avant ce temps, aucun
peuple, en Europe, n'avait à sa disposition un instrument
propre à sa pensée. On vivait principalement de traditions et de souvenirs ; c'est par conséquent à cette source
que nous pouvons puiser ceux qui concernent cette
vallée, ceux qui charmaient nos aïeux, ceux qui
vivent encore et auxquels je me réjouis après tant de
siècles de servir d'écho.

Voici donc ce que nos pères racontaient ; ils disaient
qu'autrefois cette vallée n'était dans toute son étendue
qu'une épaisse forêt détrempée par des eaux stagnantes,
un lieu entièrement inhabitable, obscur, dangereux.

Ils disaient qu'un jour de pauvres ouvriers travaillant
sur le penchant de l'un des coteaux qui nous dominent,
comme ils étaient attachés à renverser ou à dépécer un
tronc d'arbre, ils aperçurent, gisant près d'eux, une
statue dont la pose, la grâce, l'ineffable douceur, surtout
l'enfant qu'elle soutenait d'une main et un fruit symbo-
lique de l'autre, leur firent soupçonner que c'était l'image
de la Mère de Dieu ; après l'avoir redressée, ils lui
élevèrent un modeste piédestal, l'abritèrent sous une

---

(1) Montalembert, introduction de l'histoire de sainte Elisabeth de Hon-
grie.

tente de feuillage ; puis, s'étant agenouillés, ils lui ren-
dirent les pieux hommages de leur simplicité.

Ce n'est pas tout : ils disaient encore que quelques
jours après, Marie manifesta combien désormais ces lieux
lui seraient chers. Comme les mêmes hommes étaient
assis au bord de la fontaine qui nous avoisine, il arriva que
tout à coup leurs oreilles furent réveillées et merveilleu-
sement ravies par des modulations si suaves, si pures,
qu'ils les crurent descendues du Ciel ; car, en les écou-
tant pour en discerner le sens, il leur sembla que des
voix angéliques célébraient les louanges de Marie.

Un événement si prodigieux et si significatif ne pouvait demeurer inconnu. Bientôt raconté et divulgué, il
émut toutes les populations environnantes, dont la foi
et l'empressement furent récompensés par de nouveaux
prodiges, et peu à peu cette vallée si inculte, si triste,
si inabordable, mais rendue brillante et féconde par la
présence et les vertus de Marie, devint à tout jamais
une vallée de bénédictions, un héritage de salut, une
propriété sanctifiée. *Benedicta Vallis.*

Tels sont, mes Frères, les récits des anciens. A Dieu
ne plaise que je m'arrête à discuter leur réalité ou à
défendre contentieusement le merveilleux qui les ac-
compagna ! L'une ou l'autre de ces préoccupations me
parait indigne de la gravité de cette cérémonie, et des
sentiments si profondément chrétiens qui vous animent.

Et qu'importe après tout, mes Frères, que dans le
cours des siècles, telle ou telle circonstance d'un fait pri-
mitif et fondamental ait été modifiée ou altérée ? cette

supposition, quand on l'accorderait, doit-elle être un sujet de doute ou d'incrédulité? Mais non! car ce fait ori-
ginel n'a pas été isolé et sans succession. Il a été le premier, mais non le deuxième et le dernier. Il a été le
commencement, mais non la fin. Oh! s'il avait été ex-
clusif, solitaire, sans suite, sans·postérité, bientôt
oublié, combattu ou méprisé, il n'eût laissé aucun souvenir, ou, en tout cas, n'aurait jamais servi de base à
un culte séculaire. Mais il n'a pas été seul; d'autres
faits lui ont succédé sans interruption, ainsi que l'attes-
tait, il y a 200 ans, un historien de Benoîte-Vaux, en
faisant un appel public à la tradition des temps passés.
Semblable à la source dont les flots, unis les uns aux
autres, se poussent incessamment le long de la vallée, les
bienfaits de Marie ont coulé sur cette terre sans disconti-
nuation, en sorte que c'est moins par la voix populaire,
moins par l'autorité hiérarchique, que par la force invin-
cible des faits surnaturels, que ce vallon a échangé son
nom ancien contre un nom nouveau, un nom profane et
idolâtrique, peut-être, contre un nom qui a été porté sur
les lèvres d'un archange à la plus pure des créatures.

Il est vrai, nous en convenons, tous ces faits miracu-
leux n'ont pas été écrits, et, pendant de longues années, il
ne s'est pas rencontré un littérateur, un historien, qui se
soit préoccupé d'en transmettre le récit à la postérité. Et
qu'est-ce que cela fait? Indépendamment de la raison
que nous avons puisée tout à l'heure dans la confusion
et l'impéritie des temps anciens, raison qu'on est bien
obligé d'admettre pour les faits contemporains de l'or-

dre naturel, comment le silence, même le plus absolu
de l'histoire, serait-il un argument valable contre ce que
la foi des temps nous a transmis touchant Notre-Dame
de Benoîte-Vaux et ses bienfaits? Ne compte-t-on pas cha-
que année, par milliers, le nombre des pèlerins qui la vi-
sitent avec un amour et une confiance inébranlables? Où
sont les écrits sérieux qui relatent les grâces, les faveurs,
les merveilles dont cette affluence toujours croissante est
l'éloquent témoignage? Il n'y a pas de garanties écrites, et
la foi est éclatante! elle est imperturbable! et pourtant
nous vivons dans une société bien imparfaitement réta-
blie de la plaie funeste que lui a faite l'incrédulité.

Hé bien, mes Frères, dans ces siècles antiques où la
foi en Marie était bien autrement simple et grande, pourquoi aurait-on songé à graver, pour la postérité, des
souvenirs que la libéralité de Marie renouvelait infatiga-
blement? Qui donc alors aurait pensé à faire de ses bon-
tés un instrument de polémique pour des temps dont on
ne pouvait soupçonner l'ingratitude? non, non, cette
pensée-là ne venait pas. On allait au jour le jour, en se
reposant pour le lendemain sur le trésor inépuisable du
Cœur de Marie; le passé et le présent garantissaient l'a-
venir. On était sûr que toutes les générations la trou-
veraient toujours fidèle à elle-même; et que jamais il ne
s'élèverait une postérité assez oublieuse ou assez préve-
nue pour demander à cette douce Souveraine des écrits
humains, des preuves humaines, des certificats humains,
pour attester qu'elle avait prodigieusement favorisé, aimé
et béni cette vallée.

Dans cette conviction, nos pères n'écrivaient pas ; mais s'ils n'écrivaient pas, ils faisaient infiniment mieux. Ils aimaient Notre-Dame et ils le prouvaient. Ils n'écrivaient pas, mais voici un autre genre de témoignage qui valait mieux que des écritures.

Ils venaient à Benoîte-Vaux. Là, plus abondamment qu'ailleurs, ils recevaient des lumières, des inspirations qui les initiaient aux plus profonds et aux plus salutaires enseignements du Christianisme, à la science surnaturelle du détachement, au mépris généreux des choses qui passent ; et bientôt épris de la certitude et des charmes de l'éternité, on les voyait mettre leur zèle et leur bonheur à s'en assurer la possession, en se dépouillant eux-mêmes pour honorer Notre-Dame, pour parer son culte, pour enrichir son sanctuaire des largesses de leur piété. Il n'est pas douteux, mes Frères, que c'est par ces hautes influences de la foi qu'il faut expliquer cette agglomération de ressources dont Notre-Dame de l'Etanche et de Benoîte-Vaux présente le phénomène depuis le XII<sup>e</sup> siècle. Cependant je vous demanderai la permission d'arrêter un moment votre attention sur ce fait de l'agrandissement territorial de Benoîte-Vaux, fait authentique, consacré par les bulles d'Alexandre III et de Nicolas III, par l'établissement définitif, sous une forme régulière, des enfants de saint Norbert appelés à son service ; mais fait qui, après tant d'éclaircissements, court peut-être encore le risque d'être incompris ou dénaturé, quand on le juge à la lueur de préventions surannées, sans une étude suffisante des grands siècles catholiques, surtout sans cette sagacité, et cette impartiale rectitude qui doit être la qualité dominante de l'historien.

L'origine des propriétés religieuses, mes Frères, est bien élevée, puisqu'il faut remonter jusqu'aux apôtres et au désintéressement des chrétiens de cet âge héroïque, pour en saisir les premières traces. Ce mouvement sublime ne fut pas constant, il est vrai ; mais à mesure que la prédication chrétienne triomphant eut conquis sur les esprits l'ascendant qui lui appartient, alors, développant sa sève et sa vigueur, elle fit apparaître, sur la surface du monde catholique, comme une végétation éblouissante de vertus surnaturelles. Ce fut spécialement pendant le XI<sup>e</sup>, le XII<sup>e</sup> et le XIII<sup>e</sup> siècle, que ces merveilleux sentiments éclatèrent. C'est à ces âges incomparables que remontent tous les chefs-d'œuvre de la peinture, de la sculpture, de l'architecture religieuse, et toutes les conceptions hardies de la valeur chrétienne.

Il ne nous est pas loisible, mes Frères, de satisfaire notre goût personnel eu vous décrivant ces temps avec des détails étendus ; mais ce que nous devons vous faire remarquer, c'est l'admirable entraînement qui, à partir du XI<sup>e</sup> siècle, précipita l'humanité vers les grandes pensées du monde à venir ; entraînement qui se traduisait journellement par des œuvres pratiques, qu'on était loin de regarder comme héroïques, tant elles étaient familières. On eût dit que l'humanité régénérée s'élançait vivement à la conquête du Ciel, foulant à ses pieds comme indignes d'elle les biens terrestres, ou s'en servant comme d'un véhicule pour accélérer sa marche. C'est alors que les fondations et les donations se multiplient et que des maisons destinées à la prière et à l'exercice des plus éminentes vertus, deviennent comme les dépositaires inviolables de toutes les généreuses inspirations.

Des marches du trône jusqu'aux dernières conditions sociales, l'ardeur était pareille. Ici c'était un évêque disposant pour un établissement religieux des ressources que la simplicité de ses goûts lui permettait d'accumuler. Là c'était le dernier rejeton d'une famille qui transformait le manoir de ses ancêtres en maison religieuse, pour substituer la paix sacrée de Dieu au fracas des plaisirs du monde. La veuve sans enfants consacrait ses biens à Dieu, et la noble demoiselle, sa dot, lorsque, dédaignant une union terrestre, elles aspiraient sous l'habit de religieuses à des fiançailles plus pures. La châtelaine trouvait plus de charmes à servir Dieu qu'à se livrer aux folles joies et aux vanités du siècle. Le riche bourgeois cherchait à sauver pour l'avenir une partie de ses biens, en leur donnant une consécration. Ceux qui s'aimaient sincèrement et profondément se donnaient des gages de confiance et de tendresse, en fondant des œuvres dont la perpétuité représentait la vérité et la force de leur union. Le guerrier lui-même économisait sur sa modeste paie pour contribuer à la construction ou à l'ornementation d'une église; enfin, mes Frères, tel était l'entraînement de ces temps que nul ne consentait à mourir sans un acte testamentaire favorable à quelque institut religieux, et cette clause fût-elle omise, les héritiers se faisaient un devoir indéclinable d'y suppléer (1).

Voilà, mes Frères, voilà les sentiments qui avaient pénétré jusqu'au fond de toutes les positions et de toutes les relations, et qui éclataient dans toutes les vicissitudes de l'existence, dans la joie, dans la douleur, dans l'espérance, dans la crainte, au commencement, à la fin de tous les événements de la vie; et en dernier résumé il en était ainsi parce qu'il régnait alors dans toute la chrétienté une aspiration sublime vers les choses du Ciel, un retour impétueux vers la source primitive, une morale pleine d'élévation et de chaleur.

Ces considérations pourront bien vous paraître surérogatoires, je le crains, mes Frères ; toutefois, ce qui m'a encouragé à vous les présenter, c'est la pensée qu'elles vous aideront à vous rendre compte des marques de munificence dont nos pères ont environné Benoîte-Vaux. Sortons un moment de notre époque si languissante, si calculatrice, et transportons-nous au milieu de ces générations si ardentes. Quand tous les jours, de famille en famille, le nom de cette douce patronne était répété avec transport ; quand, d'un village à un autre village, d'une ville à une autre ville, le bruit de nouveaux prodiges allait réveiller toutes les attentions, et tous les vœux;

(1) On lit, dans la *Gallia Christiana,* ces expressions qui traduisent fidèlement l'opinion et la tendance de cette époque : — *Antiqua traditio ac legalis institutio est ut omnis homo vel femina pro salute animæ suæ et abolitione peccaminum, Ecclesiæ Dei ac servitoribus earum de rebus quas possidet eleemosynam faciat.* (Instr. Eccl. Cavallicens. N° 7.)

qui est-ce qui aurait pu résister au besoin de lui rendre hommage ? Quel seigneur, quel riche bourgeois, quel chevalier aurait voulu mourir sans lui assigner une place, un souvenir, dans ses dernières volontés ? Qui est-ce qui n'eût pas désiré reposer à l'ombre de sa chapelle, et échanger contre sa souveraine et clémente protection un peu de terre, d'or ou d'argent? Quand on songe que, dans ces héroïques temps, la construction d'une église exaltait les populations tout entières ; quand on songe que pas une famille ne voulait rester étrangère à une fondation entreprise dans son voisinage, qui pourra s'étonner que Notre-Dame de Benoîte-Vaux ait vu peu à peu son sanctuaire s'agrandir, son patrimoine s'étendre, ses fondations s'accroître ? qui s'étonnera encore si, gardiens vigilants des diplômes, des chartes, des titres de cette église, c'est-à-dire, des droits de tous et des intérêts les plus sacrés, les religieux qui en étaient dépositaires les défendaient, et au besoin avec vivacité contre toute agression violente, ou contre les ruses de la cupidité insatiable (1)? C'est d'après le cours de ces idées que Benoîte-Vaux s'accrut progressivement, jusqu'à ce qu'il atteignit sa plus haute célébrité pendant la guerre de Trente ans, ainsi que je vais m'appliquer à le raconter.

(1) Frédéric Hurter, ex-président du consistoire de Schaffouse, a consacré un chapitre de son tableau des institutions et des mœurs de l'Eglise au moyen-âge à analyser dans le plus grand détail et en s'appuyant sur les faits, tous les motifs élevés, toutes les causes morales et chrétiennes qui ont donné naissance aux couvents, aux fondations, à toutes les institutions religieuses.

## II.

Mes Frères, l'histoire de la Lorraine est si intimement liée à celle de Benoîte-Vaux pendant le XVII$^e$ siècle, qu'il serait difficile d'apprécier exáctement l'immense influence dont ce sanctuaire jouit à cette époque, si nous ne connaissions, au moins d'une vue générale, les grandes affaires dans lesquelles la Lorraine fut alors impliquée. Tout le monde sait quelle fut la cause qui précipita la France dans la guerre de Trente ans. Le cardinal de Richelieu, vainqueur politique du protestantisme, pacificateur inflexible de la France, crut, en observant la marche des puissances continentales, que la maison d'Autriche, par son extension toujours croissante, serait dans un avenir plus ou moins éloigné un ennemi disproportionné et capable, dans un accès probable d'ambition, de tout envahir et de tout absorber! Cette prévoyance, parvenue en lui jusqu'à la raideur d'une conviction, lui fit méditer contre cette maison des projets d'abaissement auxquels il consacra jusqu'à la fin toutes les ressources et toute la fermeté de son génie politique. Il ne nous appartient pas, mes Frères, de juger au point de vue moral ces vastes et terribles entreprises; tout ce que nous pouvons dire, c'est que les ducs de Lorraine, voisins et amis, mais non serviteurs de la France, pouvaient, dans leur dignité et leur indépendance, le contrôler avec sévérité; c'est qu'ayant mis jusqu'alors leur sang et leur épée au service de la foi catholique, principalement représentée dans le monde par la maison de Habsbourg, ils pouvaient, pressés qu'ils étaient des deux côtés, demeurer en suspens sur le parti qu'ils avaient à prendre, et se prononcer finalement soit pour la neutralité, soit pour le soutien de cette dynastie, à laquelle les rattachaient du reste tous les liens du sang et des soúvenirs. C'est à ce dernier parti que s'arrêta le belliqueux Charles IV. Mais la colère de Richelieu était aussi prompte qu'implacable. Appelés par lui du fond du Nord, sous le commandement du plus grand capitaine de ce temps, les Suédois tombent de toute leur force sur notre malheureux pays, et pendant la durée de l'occupation y exercent des ravages ou plutôt des atrocités inouïes. Joignant à l'avidité du pillage et à la fureur de la guerre toute la rage de l'esprit sectaire, et promenant dans les plis de leur drapeau le symbole affreux de l'extermination, ils réduisirent notre patrie, autant qu'il était en eux à n'être plus qu'un monceau de ruines; puis, la famine et la peste survenant, notre pays tomba par ses adversités au-dessous de tout ce que la plus sombre imagination peut se figurer, puisqu'il a fallu, pour les peindre, les comparer aux malheurs de Jérusalem, et invoquer les accents lamentables de Jérémie pour les déplorer.

Enfin, tous ces désastres furent couronnés par le triomphe politique de Richelieu. La maison de Habsbourg fut abaissée, et la Lorraine confisquée. Quels revers! mes Frères; quelles humiliations! quel abime !

Etait-ce donc là le succès des prières que René II avait adressées à Marie dans un appareil royal, alors que, vainqueur du duc de Bourgogne, il venait, ici même, en déposant son épée sur cet autel, faire hommage de sa victoire à Notre-Dame de Benoite-Vaux, et placer sous son patronage, sa dynastie, ses Etats ? Etait-ce donc là ce que promettaient pour l'avenir ces couronnes ducales dont les princes de Lorraine avaient tapissé les murailles de cette chapelle, dans un temps où leur chevaleresque dévouement à l'Eglise et à la foi appelait sur eux tant de bénédictions et tant de gloire ? Mais il ne faut pas, mes Frères, que ces cruels souvenirs nous emportent trop loin. Non ! non, Marie ne nous a pas trahis, car les nations comme les individus sont appelées à partager les souffrances, les amertumes, les plaies, la mort de Jésus-Christ, et, quand cette heure de ténèbres a sonné, au lieu d'en fuir les horreurs, la véritable et solide gloire consiste à la passer dans la compagnie de Marie, aux pieds de la croix, au sein d'une contemplation haute et sereine des choses qui sont au-dessus des temps et des hommes.

Grâces à Dieu, mes Frères, telle a été l'attitude magnanime du peuple lorrain. Ecrasé par tous les maux de la guerre, immolé dans ses sentiments les plus chers, découronné dans ses princes, que lui restait-il ? Il lui restait Notre-Dame de Benoîte-Vaux. C'est là qu'il est venu puiser des consolations immanquables et l'attrait de grandeurs plus stables que celles qui venaient de lui être dérobées.

Ah ! mes Frères, que n'ai-je en ce moment une parole assez intéressante, un cœur assez ému, une âme assez enflammée, pour vous peindre, comme il le faudrait, l'enthousiasme incomparable dont la Lorraine tout entière se sentit alors électrisée et entraînée vers Benoîte-Vaux! Ah! quand la tradition et l'histoire seraient muettes, quand elles ne nous auraient conservé aucun souvenir des bienfaits de cette auguste Reine, en faudrait-il davantage? Cet immense mouvement, cet universel transport, cette popularité ardente qui éclata alors, révéleraient assez haut tout ce que les siècles passés avaient accumulé d'amour et de confiance dans les entrailles de la nation lorraine pour Notre-Dame de Benoîte-Vaux. La plus solennelle de ces manifestations, la seule que je vous demanderai la permission de rapporter, parce qu'elle résume en elle toutes les autres, fut organisée par la ville de Nancy, centre et capitale de la Lorraine.

Dans l'année 1642, douze cents personnes, à la tête desquelles marchaient des députations de la Primatiale (1), de la Collégiale Saint-Georges, de la noblesse, de la cour des comptes, de la magistrature judiciaire, de la chambre du conseil de ville, des habitants les plus

(1) De la Primatiale, M. François Leloup ; de la Collégiale, M. Martin Barisien ; de la noblesse, M. Du Hallier ; de la chambre des comptes, M. Claude Voillot de Vallcroy, et MM. François Barrois, conseiller, François Dubois, auditeur ; de la justice, MM. François Mauljean et Charles Sarrasin, échevins ; de la chambre du conseil de ville, MM. Philbert Philbert, premier conseiller, et Hierosme Terrel, conseiller ; du corps des marchands, MM. Jean Médreville, Desbaine ; des apothicaires et chirurgiens, MM. Alba, apothicaire, Fabert, chirurgien.

notables, de tous les corps, arts et métiers de la ville, furent choisis pour accomplir un pélerinage à Notre-Dame de Benoite-Vaux, pélerinage qui devait s'exécuter dans les conditions les plus austères et avec le concours moral de toute la ville. Le 6 mai, tous ces pèlerins, formant 9 chœurs, rassemblés dans l'église de la Collégiale Saint-Georges, entendirent la messe devant l'image de Notre-Dame de Bonne-Nouvelle, reçurent la communion, et sortirent de la capitale, déployant avec le crucifix l'étendard de Notre-Dame de Benoite-Vaux sur lequel étaient écrits ces mots : *Pélerinage de la ville de Nancy*. Ils commencèrent leur entreprise au chant des litanies de Marie, s'avançant dans un ordre, avec une modestie, une émulation de pénitence et de piété qui ne fit que s'accroître le long du trajet. Dans toutes les villes où ils passèrent, à Toul, à Commercy, à Saint-Mihiel, ils furent reçus au son des cloches, traités par les magistrats et par le peuple avec les plus nobles égards, et dans les campagnes avec une religion, des prévenances et des soins qui rappelaient les plus beaux temps de la simplicité évangélique. Après quatre jours de marche, le 10 mai, ils descendirent à travers le bois dans la vallée, et la sainte chapelle leur apparut. Aussitôt, les larmes aux yeux, le cœur troublé, et presque sans parole, ils tombèrent à terre, demandant ardemment la grâce d'approcher encore de plus près et de pénétrer jusqu'aux pieds de Marie. Encouragés par les exhortations d'un religieux accouru de Benoite-Vaux pour les recevoir, ils se levèrent en chantant et abordèrent enfin le sanctuaire. Alors il se passa une scène inénarrable, où les cris, les larmes, les tendresses, les transports de bonheur et d'amour, les gémissements, les sanglots de ne pouvoir entrer tous ensemble, firent un bruit si confus et si sublime, qu'il est impossible de le dire. La nuit n'interrompit pas leur piété. Disséminés aux alentours de la chapelle, ils attendirent, dans les exercices d'une infatigable dévotion, le lever du jour et l'heure solennelle de l'alliance nouvelle qu'ils venaient cimenter avec Notre-Dame de Benoîte-Vaux. Ce fut avant la communion. Alors le président de la cour des comptes, M. de Valleroy, s'avança vers l'autel, un flambeau à la main; et tourné vers le prêtre, qui tenait Jésus-Christ élevé aux regards de l'assemblée, il s'exprima en ces termes :

« Marie, Mère de Dieu, au nom de tous les pèlerins, et
» des deux duchés de Lorraine et de Bar, je vous choisis
» aujourd'hui pour dame patronne et avocate ! je vous
» supplie très-affectueusement qu'il vous plaise me re-
» cevoir pour votre perpétuel serviteur ; assistez-moi
» dans toutes mes actions et ne m'abandonnez pas à
» l'heure de la mort. »

A ces mots, l'assemblée éclata par un cri unanime d'adhésion. La communion fut ensuite distribuée, et Jésus-Christ scella de son sang l'acte solennel qui venait d'unir la Lorraine à Notre-Dame de Benoîte-Vaux.

Je n'ose me permettre, mes Frères, d'abuser de votre attention par de nouveaux détails. Je me bornerai seulement à ajouter que le retour de ces pèlerins fut signalé

par des traits d'une piété si merveilleuse, qu'on les croi-
rait imaginaires si la gravité de l'histoire ne les avait
pas consacrés. Après avoir chanté le *Te Deum*, quand
ils furent sur le point de sortir de cette douce vallée,
avant de s'enfoncer dans la forêt, ils se retournèrent
vers Notre-Dame, et tous en chœur et à genoux, et pleu-
rant, ils exhalèrent leurs regrets et leurs adieux dans
les paroles les plus analogues à leur disposition : *Ave,
Regina cœlorum !* Salut, Reine des cieux ! *Vale,
ô valde decora !* Adieu à vous, qui êtes admirablement
belle ! Plusieurs fois, ils redirent ces tendres paroles.
Et à la fin, prosternés la face contre terre, et la baisant
à plusieurs reprises, ils se levèrent et disparurent. Mais
avant de rentrer dans la ville de Nancy, arrivés sur le
plateau qui domine cette capitale, encore une fois, tous
ensemble, ils se reportèrent vers Benoîte-Vaux et, prosternés de nouveau, avec la même humilité, la même
douleur : Salut encore, s'écrièrent-ils, salut, ô Reine des
cieux ! Adieu donc ! ô priez à jamais Jésus-Christ pour
nous. *Et pro nobis semper Christum exora !* Ayant
achevé ces mots, ils lui envoyèrent des yeux, des mains,
du cœur, à travers les distances et sur l'aile des nuées,
tout ce que l'affection la plus tendre, la piété la plus
expansive peuvent inspirer.

C'est ainsi, mes Frères, que ruinée par la guerre,
la famine et la peste, dépouillée de ses antiques préro-
gatives, immolée comme la Pologne sa sœur, aux projets des potentats, la Lorraine tout entière, d'une extré-
mité à l'autre, venait se réfugier et se retremper aux

pieds de Celle qu'elle appelait avec tant de douceur la Consolatrice des affligés, et se choisir en elle une Souveraine dont la gloire et la bonté l'emportent infiniment sur la gloire et la bonté des princes de la terre (1).

Les beaux souvenirs, n'est-ce pas, mes Frères ! que ces choses sont ravissantes ! Et elles sont écrites cette fois ! Elles sont consignées dans l'histoire, aussi bien que les prodiges que Marie fit éclater alors avec un redoublement de libéralité, et que l'autorité catholique a sanctionnés ! Quel coup pour l'impiété ! et quel bonheur pour nous, quelle puissante conviction de notre foi ! quel agrément ! quelle sécurité ! quelle douceur ! quel charme ! de pouvoir nous représenter, non comme une fiction, mais comme une réalité vivante, cette vallée inondée de pèlerins, traversée dans tous les sens par des processions intarissables, et retentissant jour et nuit des louanges de Marie ! Quelle joie délicieuse doit abreuver nos âmes, en songeant qu'ici-même aujourd'hui nous occupons la place de ces nobles pèlerins, et que la terre sur laquelle en ce moment nous sommes portés garde à jamais, comme un fidèle et patriotique dépôt, toutes les larmes qu'ils ont versées, toutes les prières qu'ils ont exhalées, toutes les émotions qui ont fait battre leurs cœurs ! Ah ! puissent de si grands souvenirs nous pénétrer vivement ! Puis-

---

. (1) Toutes les villes un peu importantes de la Lorraine ont fait leur pèlerinage à Benoîte-Vaux. Pont-à-Mousson, Vic, Bar-le-Duc, Clermont, Commercy, Damvillers, Revigny, Ancerville, Varennes, Marville, Verdun, Etain et jusqu'à Metz, Mirecourt et Château-Salins se sont fait remarquer soit par le nombre, soit par l'originalité de leurs processions. L'historien qui raconte le pèlerinage de la ville de Saint-Mihiel, dit que les larmes de tous coulaient des yeux comme de deux fontaines.

sions-nous être dignes de les recueillir et d'en continuer la tradition !

Mais il faut finir, et j'ai encore à vous demander un moment d'attention pour vous raconter les malheurs et la régénération moderne de Benoîte-Vaux.

### III.

Incorporée définitivement à la France à la suite du traité de Vienne, en 1736, la Lorraine devait être emportée par le torrent de ses destinées nouvelles. N'ayant plus pour la défendre contre l'invasion des mauvaises doctrines l'épée de Charles V, qui naguère encore avait conduit si héroïquement la dernière Croisade contre les Musulmans aux pieds des remparts de Bude, ouverte de tous cotés à la propagande impie dont Paris était le foyer, il fallait, après avoir noblement protesté, qu'elle fût victime (1).

Personne ne doute plus aujourd'hui que la Révolution, à part son caractère politique, était animée d'une rage effrénée de destruction à l'endroit du Catholicisme, qu'elle avait entrepris d'écraser littéralement. Mais c'est un fait singulièrement digne d'attention, que la haine dont Jésus-Christ fut l'objet atteignit avec une

_______________

(1) N'est-ce pas elle, en effet, qui, pour répondre à quatre besoins différents, produisit encore, avant la Révolution, quatre hommes bien divers, Bergier, le P. Guénard, Palissot et Gilbert ! c'est-à-dire, qui sut opposer à l'envahissement de doctrines désolantes, déjà maîtresses des cours et des salons, le quadruple langage de la controverse théologique, de la discussion philosophique, de la plaisanterie mise en scène, et de l'indignation poétique !                    (*Guerrier de Dumast.*)

égale violence le culte de Marie, quoique apparemment tous les excès, toutes les passions dussent tomber épuisés en présence d'une femme, d'une vierge, d'une mère dont le nom ne pouvait rappeler qu'un ensemble de sentiments délicats et pleins de douceur.

C'est, mes Frères, qu'il règne entre ces deux cultes, quoique profondément et essentiellement distincts, une si intime affinité, que la persécution ou la victoire, la vie ou la mort, les trouvent toujours réunis et enveloppés dans un sort commun. Là où Jésus-Christ est connu, Marie est aimée; là où Jésus-Christ est proscrit, Marie est outragée : comme aussi le signe non équivoque du règne de Jésus-Christ dans l'individu et dans la société, c'est le culte triomphant de Marie. Tenez, mes Frères, cette observation pour infaillible. Or, dans un temps où Jésus-Christ était traqué, pour ainsi dire d'un bout de la France à l'autre, Marie devait nécessairement partager ses adversités. Benoîte-Vaux fut donc envahi, profané, insulté, spolié, livré à toutes les horreurs révolutionnaires.

Si je ne m'arrête pas davantage, mes Frères, à reproduire ces sauvages attentats, c'est que je crois pressentir qu'il vous en coûterait trop de voir apparaître à travers mes paroles le fantôme effrayant de cette tragique époque. Il est vrai, déjà au XVII<sup>e</sup> siècle, pendant la guerre de Trente ans, Marie persécutée avait été contrainte de fuir, et de chercher un abri au dehors de cette vallée; mais quelle différence! On vit alors une angélique figure militaire, la baronne de Saint-Balmont, se lever, s'armer, voler à son secours, l'arracher aux menaces de ses ennemis et l'introduire saine et sauve dans son château de Neuville ; et là, elle avait continué à être servie, honorée et aimée, jusqu'à ce que des jours meilleurs permirent de la reporter triomphalement dans sa demeure choisie ; tandis qu'au dernier siècle, violemment renversée de son trône et vainement défendue par les pleurs et l'indignation de ses derniers serviteurs, elle épuisa tous les outrages, toutes les humiliations de ses plus implacables ennemis. L'orage néanmoins se dissipa, laissant le sol de la France couvert de ruines. Il y en eut d'irréparables, que toutes les espérances et tous les efforts humains ne purent conjurer. Mais le culte de Benoîte-Vaux ne pouvait pas être de ce nombre ; et peu à peu les bruits de guerre cessant, les sentiments anciens se réveillèrent, les sentiers de Benoîte-Vaux se couvrirent de pèlerins, jusqu'à ce qu'enfin, une ère magnifique de régénération s'ouvrit pour ce sanctuaire.

Je vais essayer de préciser les trois éléments qui ont le plus efficacement contribué à cette régénération. Je le ferai, mes Frères, avec toute la droiture et toute la liberté possible, et si je ne dis pas la vérité complète sur le bien qui s'est opéré, ce ne sera pas par défaut d'impartialité, mais par un devoir de bienséance dont votre profonde délicatesse appréciera la rigoureuse contrainte.

Le premier qui donna l'élan, et imprima le mouvement (1), ce fut sans contredit le Pontife éloquent

(1) Monseigneur Letourneur.

dont la piété envers Marie fut une des plus nobles qualités ; c'est lui qui, parvenu à la dignité pontificale, ne voulut pas en gravir les degrés avant d'avoir fait à Notre-Dame de Benoîte-Vaux l'offrande de son diocèse et de son administration ; c'est lui, qui mourut le cœur rempli de saints projets pour le rétablissement de ce pélerinage et dont le zèle serait trop regrettable, si la Providence, toujours inépuisable, n'avait tenu prêt pour lui succéder, un homme, un pontife, un cœur, mille fois capable de comprendre ces projets, plus capable encore de les étendre, et d'en assurer vigoureusement l'exécution. Je n'en dirai pas davantage, car ici tout parle : il suffit d'ouvrir les yeux pour voir, admirer et bénir. Ainsi, le premier élément régénérateur de Benoîte-Vaux, c'est l'élément épiscopal ; et vous remarquerez, mes Frères, que cet élément a été, ici comme partout, initiateur des grandes choses. Avec cet instinct rapide et sûr qui le distingue, il a su pénétrer le sentiment public envers Benoîte-Vaux, et compris tout ce qu'il avait encore de vivace et de profond, puisqu'il avait survécu à tant de siècles et à tant de révolutions ; il s'est adressé à lui avec une noble confiance (1), et aujourd'hui qu'il répond à cet appel par toutes les manifestations possibles, il en

(1) Sur la fin de l'année 1849, Monseigneur Rossat publia un mandement, extrêmement remarquable, pour convier toutes les paroisses du diocèse à concourir au rétablissement de l'église de Benoîte-Vaux. Les sommes, recueillies à la suite de ce mandement, augmentées encore de libéralités anonymes, ont servi à rendre à cette église un éclat, une beauté qui en font un monument très-digne d'être visité par amour de l'art, quand même il n'attirerait pas par un genre de séduction plus haute.

résulte dans l'âme du Pontife qui nous gouverne une joie d'autant plus abondante qu'elle descend en lui d'une source plus élevée et plus pure.

Le deuxième élément régénérateur de Benoîte-Vaux, c'est celui qu'on eût appelé, en d'autres temps, l'élément seigneurial ou nobiliaire. Cet élément est représenté, dans les annales de Benoîte-Vaux, par les Albéron de Chiny, les Saint-Balmont-d'Ernecourt, les Gérard d'A-vrillers, les Delescale, les Duhautoy, les Long-Champs, les Ligneville. Hé bien, grâces à Dieu! mes Frères, ces grandes familles, auxquelles Benoîte-Vaux a con-féré une immortalité plus douce et plus vraie que celle des institutions humaines, ont laissé des re-présentants de la dignité de leur sang et des succes-seurs de leur dévouement. Il vous est plus facile qu'à moi de les proclamer; mais un jour, stimulés par la reconnaissance et l'admiration, les prédicateurs de Benoîte-Vaux feront retentir sous ces voûtes les noms de ses nobles et modernes bienfaiteurs, et pendant que Dieu les couronnera dans l'éternité, ils recevront ici-bas dans leur tombeau, et sur leur plus lointaine descendance, un reflet éblouissant de la gloire de Marie.

Enfin le troisième élément, le plus humble, mais non le moins précieux et le moins puissant devant Dieu, c'est l'élément de la pauvreté. Je dois le respecter plus délicatement encore dans son mystère et ses représen-tants, et cependant il ne faut pas qu'on ignore sa part d'influence. Oui, mes Frères, les pauvres ont mendié ici pour Marie! Celui qui a à peine une pierre pour reposer

sa tète, s'est assis au seuil de cette église! il a patiem-
ment soir et matin tendu la main, pour qui? pour lui?
non; pour ses besoins les plus pressants? non! il a amassé
sou à sou de quoi offrir à Marie un gage de son amour
et de son désintéressement! Quel exemple! mes Frères;
je le cite avec une sorte de transport, non assurèment
pour la confusion de personne; car enfin, ce sou, il
est tombé de vos mains, et il n'a pu, sans un certain
concours de votre part, remonter vers Marie! Je le cite,
afin de vous convaincre que Benoîte-Vaux, ranimé, dans
sa période de régénération, par les trois plus grandes
puissances : l'élément épiscopal, celui des grandes familles et celui de la pauvreté, Benoîte-Vaux est appelé
visiblement à des destinées particulières, à un avenir
dont il est possible déjà d'entrevoir la grandeur.

Quel sera-t-il cet avenir? Nous l'avons défini dans cette
formule : « Là où le culte de Marie se développe, bientôt
Jésus-Christ, Roi du Ciel et de la terre, est servi, aimé et
adoré; et puisqu'au règne sincère, effectif de Jésus-Christ,
se rattache la question si grosse et si vitale de la civilisation
catholique, c'est-à-dire le triomphe du dévouement sur l'é-
goïsme, de la charité sur la convoitise, de la vertu sur le
vice, de l'humilité sur l'orgueil, de l'esprit sur la chair, de
l'Evangile et de la grâce sur la nature; en un mot, pour
parler comme l'Ecriture, puisque le règne de Jésus-
Christ, c'est tout ce qui est bon, véritable, aimable,
juste, honnète, tout ce qui est d'édification et d'une bonne
odeur, voyez, mes Frères, si le Doigt de Dieu n'est
pas visiblement empreint dans le rétablissement de

Benoîte-Vaux, dans ce nouvel Institut qui doit bientôt, nous l'espérons, en être le serviteur et la gloire! (1) Non, mes Frères, il ne se fait pas un pas vers ce sanctuaire, il ne s'y élève pas une prière, il ne se verse pas une larme, il ne s'échappe pas un cri de repentir ou de confiance, il ne se prononce pas une parole, il ne tombe pas une obole qui, dans une mesure quelconque, ne serve pour ce diocèse au règne de Jésus-Christ, à la diffusion dans les âmes de la vérité et du bien, à la pacification de la société, au bonheur de tous! Tel est, nous l'espérons du moins, l'avenir de ce pélerinage!

Ah! mes Frères, qu'il est doux! qu'il est facile de prononcer ces prophétiques paroles devant vous! car la joie, la pureté, la grâce, la charité qui triomphent dans vos cœurs en sont les plus infaillibles garants. Sortis de cette vallée, vous emporterez avec vous la céleste odeur des vertus de Marie, qui ne sont qu'un écoulement des qualités de Jésus-Christ ; mais rentrés dans vos foyers, ce parfum n'y sera point captif : non, non, on le sentira bientôt s'échapper comme malgré vous à travers vos œuvres et votre vie sanctifiées, pour éclairer les populations, pour les convaincre, les purifier et les régénérer.

O Marie, il y a deux cents ans, vous vîtes toute la nation lorraine accourir ici et s'agenouiller devant vous!

(1) Monseigneur l'évêque de Verdun est en instance auprès du Saint-Siége pour obtenir le rétablissement des religieux de *la Congrégation de Notre-Sauveur,* qui portaient le nom de Chanoines-Réguliers, suivant les règles de leur réformateur, le B. P. Fourier.

Dans quel affreux état elle était alors réduite! vous vous le rappelez. La voilà encore aujourd'hui dans une partie de ses enfants, toujours fidèle à votre culte et à votre sanctuaire, vous les reconnaissez! en les regardant, vos yeux, vos entrailles maternelles vous disent: Oui, ce sont bien les fils des croisés, les compatriotes de Godefroy de Bouillon, de Jeanne d'Arc, les arrière-neveux de ceux qu'on a appelés les derniers héros chrétiens! O Marie! ayez encore pitié des maux qui nous affligent! La guerre, la famine et la peste sont, dans l'ordre moral, des plaies qui nous dévorent cruellement. Soyez encore une fois notre Consolation et notre Refuge; soyez, comme il y a 200 ans, notre Dame, notre Avocate, notre Patronne, et, de cette main que l'impiété n'a pu briser, daignez nous bénir afin que nous nous relèvions dignes de Dieu, dignes de vous, dignes de nos ancêtres, dignes du Ciel. Ainsi soit-il.